AF210863

Die vergessenen Naturgesetze und die Folgen

HARTMUT WOLF

Die vergessenen Naturgesetze und die Folgen

Bibliografische Information der Deutschen Nationalbibliothek
Die Deutsche Nationalbibliothek verzeichnet diese Publikation in
der Deutschen Nationalbibliografie; detaillierte bibliografische
Daten sind im Internet über http://dnb.d-nb.de abrufbar.

Die automatisierte Analyse des Werkes, um daraus Informationen
insbesondere über Muster, Trends und Korrelationen gemäß §44b
UrhG (»Text und Data Mining«) zu gewinnen, ist untersagt.

Verlag: BoD · Books on Demand GmbH, Überseering 33,
22297 Hamburg, bod@bod.de
Druck: Libri Plureos GmbH, Friedensallee 273, 22763 Hamburg

ISBN: 978-3-8192-6952-3

Inhalt

Vorwort

Da ich neue Erkenntnisse und auch einige Besorgnis erregende Rückmeldungen zu meinem Büchlein »Gedanken zur Natur – Und woraus besteht die Seele?« bekommen habe, wollte ich dieses einfach überarbeiten. Doch nun ist ein neues Buch entstanden. Denn bei den Recherchen nach den bisher bekannten Naturgesetzen habe ich ein weiteres erkennen können.

Liebe Leserinnen und Leser!

Als Erstes möchte ich Sie bitten, sich eine Frage zu beantworten: Was ist der Unterschied zwischen Umwelt und Natur? Ich schätze, das werden Sie nicht so ohne Weiteres beantworten können.

Im Jahr 1974 – also vor 50 Jahren (heute bin ich 69) – durfte ich im Rahmen meines Fachschulstudiums einen Kurzvortrag zur Natur und ihren Gesetzen halten. Dabei ist mir dieser Unterschied bewusst geworden. Wenn sich heute jemand mit den Naturgesetzen im Zusammenhang mit Klima, Überfischung der Meere, Vernichtung des Regenwaldes und verschiedenen anderen naturzerstörenden Aktivitäten auseinandersetzt, wird er merken, dass alles nur eine und dieselbe Ursache hat. Leider habe ich bis heute noch nicht einmal diese Ursache in der öffentlichen Politik gehört.

Wenn wichtiges Grundwissen fehlt (weil es verloren

gegangen ist), können Ursachen leider nicht richtig erkannt werden. Halbwissen verursacht Ideologien mit Fehlentscheidungen für die Zukunft.

Was ist eigentlich die Natur?

Im Jahr 2012 habe ich mein Büchlein »Gedanken zur Natur – Und woraus besteht die Seele?« veröffentlicht. Dazu habe ich keinerlei Recherchen vorgenommen. Ich habe nur meine Gedanken aufgeschrieben. Ich war der Meinung, dass das Allgemeinwissen zur Natur, wie ich es lernen durfte, vorhanden ist. Das war allerdings, wie sich im Nachhinein herausstellte, eine Fehleinschätzung. Durch Rückmeldungen zu meinem vorhergehenden Büchlein »Gedanken zur Natur – Und woraus besteht die Seele?« habe ich erfahren müssen, dass zwar jeder von Natur spricht, aber keiner weiß, was sie wirklich ist, und wie sie funktioniert. Ähnliches konnte ich vorher schon feststellen, wenn mich jemand erstmals besuchte und verlauten ließ, dass ich hier wunderschön inmitten der Natur wohnen würde. Dabei gibt es gar keine intakte Natur in der Nähe unseres Grundstücks. In die eine Richtung (nach Süden) sind Gärten und im Anschluss Häuser, in der nächsten Richtung (nach Westen) liegt eine Wiese, dahinter ein Bahndamm und dahinter Häuser. Nach Norden schließt sich ein Feld an, und nach Osten ein Bach mit angrenzenden Gärten, dahinter ein bewaldeter kleiner Steilhang, nach dem wieder Häuser stehen. Es ist eine wunderschöne Landschaft mit Bäumen, Sträuchern, Blüten und sehr viel Grün in der warmen Jahreszeit. Dazu hört man auch noch Vögel zwitschern, Schmetterlinge und andere Insekten fliegen oder kriechen. Nur Natur ist es keine. Denn all diese Flächen werden irgendwie durch Menschen bearbeitet und schön gehalten. Sie werden kultiviert. Und Kulturfläche kann nun mal nicht Naturfläche sein. Also habe ich angefangen, im Internet zu suchen, welches Wissen da zur Natur zu finden ist. Das hätte ich lieber nicht machen sollen. Denn was heutzutage alles in den Begriff Natur hineininterpretiert wird, macht einen nicht schlauer, sondern im Gegenteil völlig verwirrt. Suchen Sie mal nach Naturgesetzen! Da werden Ihnen als Erstes physikalische Gesetze, wie z. B. das Hebelgesetz dargelegt. Aber die eigentlichen Naturgesetze, nämlich Selbsterhaltungstrieb, Arterhaltungstrieb, natürliche Auslese und Evolution, finden Sie als Begriff Naturgesetz nicht.

Es kommt noch viel schlimmer! Bei weiteren Recherchen musste ich feststellen, dass der Arterhaltungstrieb Mitte der 1990er-Jahre aus den Lehrbüchern genommen wurde, nachdem die natürliche Auslese Ende der 1970er-Jahre in Selektion umgewandelt und der Evolution zugeordnet wurde. Ja klar, wenn ich Selektion höre, denke ich auch zunächst an Züchtung, und damit gehört das auch zur Evolution, da ja neue Sorten oder Rassen entstehen. Doch mit natürlicher Auslese ist etwas ganz anderes gemeint!

Als die Naturgesetze aufgeschrieben wurden, war unsere deutsche Sprache noch nicht mit so vielen fremdsprachigen Begriffen vermischt wie heute. Deshalb ist es ganz wichtig, jeden Begriff nach seiner Bedeutung zu hinterfragen. Wäre das gemacht worden, dann hätte man wahrscheinlich die »Natürliche Auslese« in »Begrenzung der Populationen« umbenannt! Und das ist etwas ganz anderes als Selektion.

Für mich stellt sich in dem Zusammenhang die Frage, sind die Menschen, die das geändert haben, zu oberflächlich und damit blöd, oder sind hier Interessengruppen am Werk, die die Menschheit bewusst verdummen wollen, um sie für bestimmte Zwecke besser manipulieren zu können. Des Weiteren frage ich mich: Warum durften und dürfen Menschen, die jünger als vierzig Jahre sind, nicht lernen, was Natur wirklich ist und wie sie funktioniert? Warum dürfen das Menschen nicht mehr wissen? Das Nichtwissen über die organische Natur mit ihren Gesetzen hat gravierende Folgen, zu denen ich mich später noch äußern werde.

Da kommen in mir noch viel mehr Fragen auf. Geht es Ihnen ähnlich?

Also fangen wir mal an, das im Internet gebotene Wissen zu entwirren. Wenn ich von Natur spreche, dann meine ich nur alles Organische, was unter dem Begriff Natur steht. Es geht dabei um alles, was irgendwie lebt oder gelebt hat. Das reicht von den kleinsten Viren über alle Pflanzen und Tiere bis hin zum Mammutbaum und zum Elefanten. Alle physikalischen Gesetze sollten doch bitte weiterhin nur im Bereich der Physik geführt werden, genauso wie Geologisches im Bereich der Geologie und Sonne und Mond im Bereich der Astronomie! Alles das, wo da Menschen meinen, das müsste aber auch unter Natur fallen, halten wir lieber raus, denn es verwässert nur das eigentliche Kernthema und führt damit zu Verwirrungen bis hin zur Verfälschung des Begriffs Natur! Wenn ich hier von Natur spreche, dann nur von organischer Natur!

Da ich im Internet nicht das Passende dazu gefunden habe, bin ich auf Suche nach der passenden Literatur gegangen. Das war sehr zeitaufwendig. Leider ist die digitale Erfassung aller Bücher in der Deutschen Zentralbibliothek noch nicht weit genug fortgeschritten. Ich habe bei Studienkollegen und anderen Menschen, von denen ich wusste, dass sie auch ein ähnliches Studium absolviert haben, nachgefragt, doch keiner konnte mir helfen. Nach reichlich zwei Wintern der Suche habe ich es schließlich aufgegeben. Die in Folge vorgestellten Naturgesetze beruhen auf meinem Gedächtnisprotokoll.

Die Naturgesetze der organischen Natur

Selbsterhaltungstrieb

Als Erstes betrachten wir uns den Selbsterhaltungstrieb. Im Duden ist die richtige Erklärung niedergeschrieben: »Trieb, Instinkt eines Individuums, der auf die Selbsterhaltung ausgerichtet ist.« Das ist leider etwas zu knapp. Wenn ich jetzt weiter im Internet danach suche (was die meisten jungen Menschen tun), dann finde ich die verschiedensten philosophischen Betrachtungen. Allen gemeinsam ist, dass sie den Menschen dazu vordergründig betrachten, und die Natur völlig hinten angesetzt wird. Damit zäumen diese das Pferd von hinten auf. Wir Menschen (Homo sapiens) sind wahrscheinlich als letzte Art der Lebewesen im Zuge der Evolution entstanden. Bevor die Natur uns Menschen hervorbrachte, hat sie sich selbst über Millionen von Jahren nach ihren eigenen Gesetzmäßigkeiten entwickelt. Deshalb sollte bei allen Betrachtungen der Naturgesetze der Mensch als Letztes mit inbegriffen werden. Denn ohne Menschen lebt die Natur weiter, aber ohne Natur hat es der Mensch sehr schwer. Ob er es schafft, weiterzuleben, könnte sich in nicht allzu langer Zeit zeigen. Wir brauchen nur die Natur weiterhin so zu missachten wie bisher.

Den Selbsterhaltungstrieb trägt jedes Individuum, das irgendwie lebt, egal ob pflanzlich oder tierisch, in sich. Es will leben. Natürlich ist in der Natur nichts 100-prozentig. Es kann immer Ausnahmen geben. Aber das ist kein Problem, denn im Arterhaltungstrieb ist alles Leben auf Üppigkeit ausgelegt. Dazu komme ich jedoch später.

Zum Selbsterhaltungstrieb gehört eine passende Ernährung einschließlich der Wasseraufnahme. Weiterhin gehört eine Strategie dazu, wie dieses Lebewesen am besten überleben kann. Denn es gibt nur ganz wenige Lebensräume, in denen die Lebensbedingungen kontinuierlich gleich bleiben, wie z. B. im tropischen Regenwald. Bei uns in Deutschland haben wir vier Jahreszeiten. Für viele Lebewesen, egal ob pflanzlich oder tierisch, ist der Winter eine Herausforderung. In anderen Lebensräumen kann es Dürre oder Regenzeiten mit anhaltenden Überschwemmungen sein. Da gilt es, sich anzupassen, um überleben zu können.

Es gehört Bewegung dazu, die die Stoffwechselprozesse in den einzelnen Zellen des Lebewesens ermöglicht. Selbst für Moose und Flechten ist die Bewegung (wenn auch gering ausfallend) notwendig, für uns Menschen auch, aber für viele von uns leider nicht selbstverständlich. Ebenfalls gehören auch Ruhephasen dazu, die dem jeweiligen Organismus helfen, zu neuer Stärke zu finden. Also alles, was irgendwie hilft, das einzelne Lebewesen am Leben zu halten, dass es seine von der Natur vorgesehene Aufgabe erfüllen kann, gehört zum Selbsterhaltungstrieb.

Das alles geschieht triebhaft, d. h. im Unterbewusstsein. Es wird durch Gefühle (z. B. Hunger, Durst oder Müdigkeit) gesteuert.

Arterhaltungstrieb

Es geht hier nicht um Arterhaltung allgemein, es geht hier um den Arterhaltungstrieb – ein Naturgesetz der organischen Natur im Speziellen!

Wie es der Name schon sagt, steckt in jedem Lebewesen der Trieb, seine Art zu erhalten, und zwar so, wie sie ist, denn diese Art hat sich über tausende von Jahren ideal an ihren Lebensraum angepasst. Sie wird auch genau so und nicht anders zur Erfüllung ihrer bestimmten Aufgaben für das Gesamtsystem gebraucht. In erster Linie gehört zum Arterhaltungstrieb die Reproduktion. Ob geschlechtlich oder ungeschlechtlich – sie ist sehr reichlich dimensioniert. Das ist notwendig, um neue Lebensräume erschließen zu können. Dabei sind auch ständig einzelne Lebewesen oder ganze Gruppen auf der Suche nach neuen Lebensräumen. Starke Klimaabweichungen können z. B. ein früheres Erwachen der Vegetation im Frühjahr zur Folge haben. Ebenso können Hitze und Trockenheit im Sommer die Entwicklung der Insekten stark beeinträchtigen, wie wir das gegenwärtig erleben. Es kann aber auch sein, dass der angestammte Lebensraum durch äußere Einwirkungen, wie z. B. Feuer oder Meteoriteneinschlag, zerstört wird. Um den Lebensraum im Anschluss wieder besiedeln zu können, müssen wesentlich mehr Individuen reproduziert werden, als sie im intakten Lebensraum gebraucht werden. Deshalb kommt es in der Natur ständig zum Überschuss aller Arten an Lebewesen.

In der Natur kommt es, bis auf ganz wenige Arten (z. B. Kreuzblütler), zu keiner Einkreuzung von Arten. Menschen haben es schon vor vielen Jahren geschafft, Hausesel mit Hauspferden zu kreuzen. Dabei entstanden zwei Arten von Maultieren, je nachdem, wie die Kreuzungen vorgenommen wurden. In jüngerer Zeit haben Menschen zwei Getreidearten (Roggen und Weizen) gekreuzt. Dabei ist Triticale, eine neue Getreideart, entstanden. In der Natur kann so etwas nicht entstehen, da die Chromosomen der in der Natur vorkommenden Arten nicht zusammenpassen. Dort entstehen hin und wieder Mutationen (also Veränderungen im Erbgut).

Zum Arterhaltungstrieb in der Tierwelt gehört aber für viele Arten auch, sich um ihren Nachwuchs zu kümmern. Dieser muss getränkt, gefüttert und auf ein künftig eigenständiges Leben vorbereitet werden. Dabei spielen auch oftmals Gefühle eine große Rolle. Weiterhin spielt in der Tierwelt die Auswahl der richtigen Partner zur Reproduktion in Verbindung mit der Arterhaltung eine wichtige Rolle. So suchen sich bei einigen Vogelarten die Weibchen zur Fortpflanzung ihre Männchen nach bestimmten (Schönheits-)

Merkmalen aus, um sicherzustellen, dass ihre Art, genauso wie sie ist, bestehen bleibt.

Bei Rehen und Hirschen ist das etwas anders. Dort erkämpft sich in der Brunft das stärkste männliche Tier die Gunst der Weibchen. Übrigens, in der menschlichen Welt können wir Ähnliches beobachten. Es gibt noch weitere Maßnahmen in der Natur, die sicherstellen sollen, dass die jeweilige Art gesund und vital reproduziert und erhalten wird. Solange sich der Lebensraum in seinen wesentlichen Eigenschaften nicht verändert, bleiben die Arten so, wie sie sind. Es besteht keine Notwendigkeit, Anpassungen vorzunehmen.

Natürliche Auslese – Begrenzung der Populationen

»Natürliche Auslese« ist damals etwas unglücklich als Überschrift für dieses Naturgesetz gewählt worden. Deshalb ist dieses Gesetz wahrscheinlich auch als Erstes untergegangen.

Bei der »Natürlichen Auslese« geht es darum, alle Arten in einem bestimmten Lebensraum im ausgeglichenen Verhältnis zueinander zu halten, so dass keine Art den Lebensraum irgendwie zerstört.

Im Arterhaltungstrieb haben wir festgestellt, dass die Reproduktion wesentlich stärker ist, als sie für den Erhalt in einem ausgeglichenen Naturhaushalt notwendig ist. Deshalb müssen überzählige Individuen »ausgelesen« werden. Mit anderen Worten: **Die Populationen der einzelnen Arten müssen begrenzt werden.** Das trifft eher den Kern dieses Gesetzes.

Wie erfolgt das? Die schwächsten Individuen fallen als Erstes diesem Überlebenskampf zum Opfer.

In der Natur ist das Leben ein ständiger Kampf ums Überleben! – Was uns Menschen schon lange nicht mehr betrifft.

Wenn man bedenkt, dass alles Leben auf der Erde mit nur einer Urzelle begann, kann man sich vorstellen, wie stark die Reproduktion der einzelnen Arten sein musste, um unsere gesamte Erde mit Leben zu überziehen. Das bedeutete aber auch, dass bestimmte Arten von Anfang an begrenzt werden mussten. Um das zu erreichen, wurden neue Gegenspieler gebraucht. Und so entstand im Laufe der Zeit eine gewaltige Artenvielfalt, die immer darauf ausgerichtet war, alles Leben so im Gleichgewicht zu halten. Es darf keine Pflanzen- oder Tierart den Lebensraum für andere -arten zerstören. Das Ganze ist so aufgebaut, dass letztendlich alle Arten erhalten bleiben, aber keine Tier- oder Pflanzenart in ihrer Population zu stark anwächst. Wenn die Population einer Art zu stark anwächst, zerstört sie die Lebensgrundlage von anderen Arten, weil sie z. B. deren Nahrungsgrundlage verbraucht oder aber ganz einfach zu viel Platz braucht. Die Menschheit nimmt sich nicht nur eine bestimmte Nahrung aus der Natur, sondern entzieht ihr gleich die gesamte Fläche, um für sich Nahrung zu produzieren. Dadurch zerstört sie auf dieser Fläche die intakte Natur.

Hin und wieder passieren aber auch besondere Phänomene. So kann ich mich an einen Zeitungsartikel in den 1990er-Jahren erinnern. Da kam es in Italien in einem Waldgebiet zu einem großflächigen Kahlfraß an Laubbäumen, verursacht durch Insektenlarven. Auch damals durften diese schon nicht mehr mit Insektiziden bekämpft werden. Der Kahlfraß war aber so stark, dass nach langem Hin und Her die Behörden eine Ausnahmegenehmigung für den Einsatz der Chemie gegeben haben. An dem Tag, an dem die Maßnahme durchgeführt werden sollte, konnte sie wieder abgesagt werden. Warum? Die Insektenlarven waren alle abgestorben. Viren hatten sich kurzzeitig so stark ausgebreitet, dass die Larvenpopulation zusammengebrochen ist und damit auch der Kahlfraß beendet war. Hier hat sich die Natur selbst geholfen. Die Population der Larven ist begrenzt worden.

Wie ist das eigentlich, haben die Chinesen wirklich SARS-CoV-2 in einem ihrer Labors entwickelt?

Andere Krankheiten können ebenfalls der natürlichen Auslese dienlich sein. Durch eine Krankheit wird der Körper geschwächt und kann dadurch leichter von Fressfeinden erbeutet werden. Krankheiten können aber auch selbst zum Absterben führen. Eine dieser Krankheiten ist die »Tollwut«. In Deutschland ist diese Krankheit leider durch Impfung der Füchse ausgerottet worden, was schwerwiegende Folgen für die Natur hat. Tollwut und Staube wären die einzigen Gegenspieler, die die Population der Waschbären eingrenzen könnten.

Doch auch Hunger spielt in der Natur eine große Rolle. Wenn bestimmte Pflanzenfresser oder auch Raubtiere sich in ihrem Lebensraum zu stark entwickelt haben, kann es sein, dass sie ihre Nahrungsgrundlage aufgefressen haben. Hunger macht sich breit. Einige Individuen dieser Arten verhungern. Die größten Chancen fürs Überleben haben die, die die meisten Reserven, verbunden mit einem geringeren Energieverbrauch, und die beste Überlebensstrategie entwickelt haben. Durch solche Schwächungen kann sich das Lebewesen gegenüber Fressfeinden nicht mehr so gut verteidigen und wird Opfer. Auch anderweitig geschwächte

Individuen werden als Erstes von ihren Feinden gefressen. So wird gewährleistet, dass die gesündesten, kräftigsten und mit der besten Überlebensstrategie ausgerüsteten ihrer Art überleben. Die natürliche Auslese hält die Lebewesen in ihrem Lebensraum gesund und begrenzt dabei gleichzeitig die Population der einzelnen Arten so, dass ein ausgeglichenes Verhältnis untereinander besteht.

Es gibt definitiv keinen Teufel, der uns die Krankheiten gebracht hat. Diese sind Bestandteil der organischen Natur.

Der Mensch konnte sich durch sein Wissen und Handeln über dieses Naturgesetz hinwegsetzen. Deshalb muss er Verantwortung übernehmen und seine Population selbst begrenzen!

Evolution

Darwin hat durch seine Beobachtungen der Lebewesen in der Natur belegen können, dass sich jede einzelne Art an Veränderungen im Lebensraum anpassen kann. Das ist ähnlich wie die Züchtung neuer Pflanzensorten oder Tierrassen zu sehen.

Wenn man sich einzelne Tiere einer Art genau ansieht, kann man immer leichte Unterschiede feststellen. Das ist genauso bei den Pflanzen. Bei Veränderungen im Lebensraum können bestimmte Merkmale eines Tiers oder einer Pflanze Vorteile für das Überleben bieten. Zumal, wenn dabei auch die Überlebensstrategie angepasst wird. So kann es z. B. sein, dass sich Arten in ihrer Größe anpassen müssen, oder sich bestimmte Sinnesorgane schärfen müssen, oder sich bestimmte Organe in ihrer Größe zurückbilden können, weil sie nicht mehr diese ursprünglich stärkeren Leistungen erbringen müssen. Hier geht es nicht darum, die Art genau so und nicht anders zu erhalten (wie bei der natürlichen Auslese), sondern an die veränderten Bedingungen im Lebensraum durch Selektion anzupassen. Das kann auch für die Erschließung neuer Lebensräume notwendig sein. Wenn der Unterschied zwischen alten und neuen Lebensbedingungen aber zu groß ist, kann es sein, dass die ausgewanderte Art keine Chance auf Überleben hat.

Unterschied zwischen »Natürlicher Auslese« und »Selektion/ Evolution«

Bei der Evolution geht es darum, die am wenigsten an die neuen Lebensbedingungen angepassten Individuen sich dem Schicksal zu überlassen. Egal ob kerngesund und kraftvoll oder krank und gebrechlich. Diejenigen, die sich am besten anpassen können, überleben. Es gibt Veränderungen in der jeweiligen Art, die das Überleben im neuen Lebensraum sichern.

Bei der natürlichen Auslese hingegen dürfen im Rahmen der Begrenzung der Populationen nur die Gesündesten mit der besten Strategie überleben. Die Art soll dabei so, wie sie ist, erhalten bleiben, denn sie hat sich am besten an diesen Lebensraum angepasst.

Die bis hierher aufgeführten Naturgesetze der organischen Natur sind altes Wissen (dargelegt aus meinem Gedächtnisprotokoll), das nicht verloren gehen darf! Bei meinen vorbereitenden Auseinandersetzungen mit diesen Naturgesetzen für dieses Buch konnte ich aber ein weiteres Naturgesetz der organischen Natur erkennen. Das wurde so noch nie angesprochen.

Entwicklungstrieb der Intelligenz

Dazu muss man im Vorfeld wissen, was Intelligenz eigentlich ist. Wenn man nach einer Definition im Internet sucht, findet man einige, die sich allesamt nur auf menschliche Fähigkeiten beziehen. Dabei ist doch Intelligenz viel mehr! Unter der Überschrift »DER MENSCH – EIN SCHLAUMEIER« hat Ulrich Pontes mit wissenschaftlicher Betreuung von Dr. Alexander Soutschek am 25.03.2014 eine Veröffentlichung dazu getätigt. Vorangestellt hat er dabei »Das Wichtigste in Kürze«. Der erste Satz, den er da schreibt, ist meiner Meinung nach genau die richtige Definition. Er schreibt: Intelligenz ist die allgemeine Fähigkeit, Informationen effektiv zu verarbeiten. Genau das trifft den Kern! Ich hatte eingangs schon erklärt, dass man niemals vom Menschen auf die Natur schließen soll, sondern stets umgekehrt.

Jedes Lebewesen, egal ob Urzelle, Pflanze, Tier oder Mensch besitzt Intelligenz!

Um eine Lebensstrategie zu entwickeln und damit das Überleben zu sichern, bedarf es einer gewissen Intelligenz. Nun muss diese bei der Urzelle nicht so stark ausgeprägt sein wie beim Menschen, aber sie muss vorhanden sein! Ohne Intelligenz ist Leben nicht möglich! Das geht bei der Nahrungsaufnahme los, denn wie soll der Organismus erkennen, was für ihn die richtige Nahrung ist, und wann er diese Nahrung in welchem Umfang braucht. Das geht weiter bei der Koordinierung der Bewegungen. Auch wenn diese teilweise instinktiv ablaufen, verbirgt sich dahinter Intelligenz, sonst würden sie nicht funktionieren. Alle Sinnesorgane, und wenn es auch nur die Lichtempfindlichkeit von Pflanzen oder das Empfinden von Temperatur ist, müssen mit deren Organismus kooperieren bzw. kommunizieren. Das zeigt sich bei einer Pflanze z. B. so, dass sie erkennt: Jetzt bekomme ich von der Sonne ausreichend Energie, also muss ich meine Blätter so ausrichten, dass ich diese Energie maximal einfangen kann. Dadurch kann ich schneller bzw. intensiver wachsen. Sie wächst zum Licht hin. Dabei muss sie aber noch weitere Informationen zur Lichtintensität auswerten, um ihre Blätter in die richtige Richtung und auch nicht zu weit zu drehen. Sehr schön kann man das an den Blüten der Sonnenblumen (Helianthus annuus) sehen. Diese sind morgens nach Osten zum Sonnenaufgang und abends nach Westen zum Sonnenuntergang ausgerichtet, egal ob der Himmel klar oder bewölkt ist.

Auch die Abläufe in einer Zelle müssen koordiniert erfolgen. So gibt es Unterschiede zwischen intensiven Lebensabläufen und Ruhephasen zur Regeneration. Der Einfluss von Energie, egal ob aus der Nahrung oder von einer externen Wärmequelle muss koordiniert werden. Der Aufbau der DNA, die ja in jeder Zelle zu Grunde liegt, ist nicht zufällig so entstanden, sondern wurde durch Intelligenz so festgelegt, um die Erbinformationen an die nachfolgende Zelle weitergeben zu können. Wie soll also das Leben ohne Intelligenz funktionieren? Das bedeutet aber auch, dass der ersten Urzelle bereits Intelligenz in die Wiege gelegt wurde. Damit sollten sich Wissenschaftler der synthetischen Biologie mal näher beschäftigen. Die Urzelle musste von der ersten Sekunde an funktionieren. Sie hatte keine Zeit, sich gewisse Fähigkeiten erst anzueignen. Ihr Leben begann, und sie musste sofort Informationen wahrnehmen können, und diese auch für sich nützlich anwenden können. Sie musste sich von Beginn an bewegen, dass alle notwendigen Abläufe in ihr vonstattengehen können.

Man kann das aber auch umgekehrt sehen. Wenn ein Lebewesen alle seine Lebensfunktionen einstellt, verlässt die Intelligenz dieses. Informationen egal welcher Art können dieses Lebewesen nicht wieder aufleben lassen. Diese Informationen werden nicht mehr verarbeitet. Es kann z. B. bei einem Sprung in eiskaltes Wasser zum »Herzschlag« (Herzstillstand) kommen, der bei nicht rechtzeitiger Reanimation zum Hirntod führt. Obwohl der Körper noch lebensfähig wäre, verlässt die Intelligenz (die Seele) diesen und kehrt nicht wieder zurück. Dieser Mensch ist dann tot. Ohne die Intelligenz kann ein Lebewesen nicht weiterleben.

Die Intelligenz will sich ständig weiterentwickeln. Das kann sie dort, wo die Voraussetzungen gegeben sind. Je höher das Lebewesen in der Entwicklungsstufe steht, desto weiter kann sich die Intelligenz entwickeln. Es können mehr

Informationen aufgenommen und effektiver verarbeitet werden. Das ist der Entwicklungsgrad der Intelligenz. Er zeigt an, wie weit sich die Intelligenz bereits entwickelt hat. Gegenwärtig ist sie bei dem Menschen (Homo sapiens) am stärksten entwickelt. Wenn wir Menschen den Entwicklungstrieb der Intelligenz nicht innehätten, könnten wir nie diese erstaunlichen Leistungen in der Wissenschaft, verbunden mit der Entwicklung von Technik und den vielen Annehmlichkeiten, die uns das Leben erleichtern, erbringen.

Merke: Ohne Wasser, ohne Energie, ohne Nahrung und ohne Intelligenz ist Leben nicht möglich!

Doch wo kam die Intelligenz für die Urzelle her?

Einsteins Hypothese zur Entstehung des Lebens

Albert Einstein sagte: »Es war eine **bestimmte Energie**, die die Moleküle im Wasser so zur Rotation brachte, dass sich der erste Einzeller bilden konnte.«

Von Albert Einstein wissen wir, dass er einige Hypothesen entwickelt hat, von denen bisher keine widerlegt werden konnte. Sie haben sich alle bewahrheitet. Nur seine Hypothese zur Entstehung des Lebens steht noch im Raum.

Hat diese bestimmte Energie die Intelligenz mitgebracht? Dazu muss man sich mal intensiver mit ihr auseinandersetzen. Doch vorher möchte ich in dem Zusammenhang mir die Elektroenergie genauer betrachten. Wir wissen sehr viel über

Elektroenergie. Wir wissen, wie wir sie herstellen können, wie wir sie lenken und leiten können z. B. über Stromtrassen oder im Computer. Wir können sie durch Ausnutzung von Elektromagnetismus in einem Motor für uns arbeiten lassen, oder auch mit ihr Licht und Wärme in unsere Wohnung bringen lassen. Aber woraus sie besteht, konnte mir bisher noch niemand sagen. Wasser besteht aus Molekülen, die sich aus Wasserstoff und Sauerstoff zusammensetzen. Und Elektroenergie, aus welchen Atomen oder Molekülen besteht sie? Darauf habe ich bis jetzt noch keine Antwort gefunden. Daraus folgere ich: Die Elektroenergie selbst besteht nicht aus Materie! Sie kann sich nur der Materie bedienen, um sich von A nach B zu bewegen, dabei Kräfte zu übertragen, und um sich zu entladen. Da sie sich der Materie bedient, kann sie von der Wissenschaft nachgewiesen werden. Aber die Elektroenergie selbst, woraus sie besteht, kann die Wissenschaft nicht nachweisen, weil sie nicht aus Materie besteht. Ähnlich ist das mit der Wärmeenergie. Wir können sie wahrnehmen und sogar messen! Wir können Wärme mit den unterschiedlichsten Verfahren herstellen. Sie gibt uns ein gewisses Gefühl. Doch woraus sie besteht, weiß keiner. Es gibt noch weitere Energien, wie z. B. die der Halbedelsteine, die einen Einfluss auf unsere Gesundheit haben können. Alle Energien haben eins gemeinsam: Sie bestehen nicht aus Materie! Selbst Licht, solange es als solches erscheint, besteht nicht aus Materie. Erst wenn es umgewandelt wird, entstehen Protonen, also Materie.

Nun stellen wir uns mal vor, die bestimmte Energie

besteht auch nicht aus Materie und kann sich dieser auch nicht bedienen oder sie beeinflussen; sie ist aber intelligent. Da sie sich nicht der Materie bedienen und diese auch nicht beeinflussen kann, kann sie Materie, also auch Lebewesen, durchdringen. Sie kann sich anderer Energien, die ebenfalls nicht aus Materie bestehen, wie z. B. der Elektroenergie, bedienen, so wie die Elektroenergie sich der Materie bedienen kann. Dann kann sie auch die Wissenschaft, so wie sie heute definiert ist, nicht nachweisen. Die bestimmte Energie existiert aber trotzdem, egal ob die Wissenschaft sie nachweisen kann oder nicht. Astrophysiker haben eine ähnliche Entdeckung gemacht. Sie sind der Meinung, dass es im Weltall eine Energie geben muss, die einen gewissen Einfluss auf den Kosmos ausübt. Sie nennen diese die »Dunkle Energie« oder auch die »Schwarze Energie«. Diese dunkle oder schwarze Energie könnte durchaus auch dieselbe sein, die Einstein als bestimmte Energie bezeichnet hat. Es ist eine Energie, die den gesamten Weltraum ausfüllt, ohne Widerstand Körper durchdringen kann, aber in keiner Weise materiell ist, dafür aber intelligent. Das heißt, die Intelligenz ist eine Energie, die bestimmte Energie! Diese bestimmte Energie, die Intelligenz, hat den Drang, sich weiterzuentwickeln. Da sie aber nicht aus Materie besteht, hat sie selbst auch keine Sinnesorgane und auch keinen Speicher (Gehirn). Also hat sie versucht, sich so etwas zu schaffen. Mit Hilfe von anderen Energien, z. B. der Elektroenergie, schuf sie den ersten Einzeller. Und dass dieser lebensfähig wurde, sich bewegen konnte, andere Energien (z. B. Wärme und Licht) nutzen und Nahrung aufnehmen konnte, gab sie dieser Urzelle ein winziges Stück ihrer selbst (also Intelligenz) mit. Diese Grundlage ist wahrscheinlich auch ganz interessant für die Wissenschaftler der synthetischen Biologie! Mit dieser Urzelle hatte sich die bestimmte Energie (die Intelligenz) den Grundstein für ihre weitere Entwicklung gelegt.

Wissenschaftler haben festgestellt, dass jede einzelne Zelle unseres Körpers wie ein echter Computer funktioniert. Das ist auch bei anderen Lebewesen so. Da die bestimmte Energie, die Intelligenz, sich der Elektroenergie bedienen kann, kann die Intelligenz auch direkten Einfluss auf den »Computer Zelle« nehmen. Sie kann also ähnlich wie wir die Programme in unseren Computern ändern, Einfluss auf die Abläufe in der Zelle nehmen. So konnte sie auch Qualitätssprünge in der Evolution wie z. B. die Aufspaltung zwischen Pflanzen- und Tierwelt oder den Übergang vom eierlegenden Tier zum Säugetier steuern.

Nun werden einige Wissenschaftler an dieser Stelle sagen: So ein Humbug! Denjenigen kann ich nur sagen: Beweisen Sie mir das Gegenteil oder erweitern Sie Ihren Horizont!

Nachweis der bestimmten Energie – der Intelligenz

Ich kenne gegenwärtig nur eine Möglichkeit, die Existenz dieser bestimmten Energie, also der Energie namens Intelligenz, zu beweisen. Wer gut aufgepasst hat, weiß, dass diese Energie die Abläufe in einer Zelle beeinflussen, sprich steuern kann. Das heißt, die Intelligenz kann die Zellen so beeinflussen, dass sich z. B. Muskulatur zusammenziehen oder ausdehnen kann. Und nun stellen Sie sich mal vor, Sie sitzen ganz entspannt da, haben den rechten Ellbogen aufgestützt, und in der rechten Hand einen Faden oder ein Kettchen, ca. 12 bis 14 cm lang, und daran befestigt ein kleines Gewicht, wie z. B. einen Ehering oder einen kleinen Kegel. Das kann auch ein verrosteter und verbogener Splint sein. Sie befassen sich mit irgendeinem Gedanken, dieser kann auch zu hiesigem Inhalt sein, stellen sich dazu Fragen und versuchen, sich diese selbst zu beantworten. Plötzlich stellen Sie fest, dass dieser Ring in eine Richtung ausschlägt und am Faden zu pendeln beginnt. Sie haben das aber nicht bewusst angeschubst. Was ist passiert? Die bestimmte Energie – die Intelligenz – will Ihnen antworten oder Sie in Ihren Ergebnissen korrigieren. Sie beeinflusst die Muskulatur Ihrer Hand und Ihres Unterarm so, dass der Ring in eine bestimmte Richtung ausschlägt. Sie müssen nun nur noch herausfinden, was sie Ihnen sagen will. Sie will Ihnen mitteilen, ob Ihre gefundene Antwort richtig oder falsch ist (ja oder nein).

Natürlich geht das für die meisten Menschen nicht so einfach. Diese müssen das Pendeln erst erlernen. Sie müssen üben und damit das Zusammenspiel der Intelligenz mit der Muskulatur trainieren. Wer das Pendeln erlernen möchte, sollte die zuvor beschriebene Position einnehmen, sich voll auf die Pendelspitze konzentrieren und leise vor sich hin fragen: »Was bedeutet für mich JA?« Wenn kein Ausschlag erfolgt, sollte die Frage einfach wiederholt werden. Danach kann man zur nächsten Frage übergehen: »Was bedeutet für mich NEIN?« Erst wenn die Ausschläge für ein »Ja« oder ein »Nein« zweifelsfrei kommen, funktioniert das Pendeln. Schauen Sie dabei immer nur auf die Pendelspitze! Sonst wird das nie funktionieren. Das ist mir so ergangen, weshalb ich sehr lange gebraucht habe, bis es bei mir funktionierte. Ich wollte nämlich wissen, was das Pendel ausschlagen lässt. Wenn Sie nun der Meinung sind, dass es funktioniert, dann stellen Sie dabei Alternativfragen und schauen Sie bei der Beantwortung dieser stets nur auf die Pendelspitze. Zum richtigen Pendeln gehört sehr viel mehr. Bestimmte Fragen kann man sich aber getrost sparen. Alles, was mit Geld zu tun hat, interessiert die Intelligenz nicht. Also kann man dazu auch keine richtigen Antworten bekommen. Da die bestimmte Energie – die Intelligenz – keinen Speicher (Gehirn) hat, bekommt man auch zu Fragen, die in die Vergangenheit reichen, keine richtigen Antworten. Weiterhin sollten Sie auch nicht dazu fragen, ob Ihre Partnerin oder Ihr Partner jemand anderes liebt. Es könnte sein, dass die Intelligenz

Ihre Frage leicht falsch versteht und dadurch eine falsche Antwort folgt. Falsche Verdächtigungen schaden einer guten Beziehung! Und so gibt es auch noch andere Bereiche, auf die die bestimmte Energie nicht antworten kann oder aber nicht antworten will. Stellen Sie auch immer Kreuzfragen, also mehrere verschiedene Fragen, die in die gleiche Richtung laufen. Wenn Sie dann der Meinung sind, dass Sie die richtige Antwort gefunden haben, versichern Sie sich noch mal dazu, indem Sie fragen: Ist das wirklich so? Ich z. B. beginne die Pendelei immer mit folgenden Worten: Danke, du bestimmte Energie, du Intelligenz! Dabei beginnt das Pendel mit einem JA zu antworten. Ich trete damit in einen direkten Dialog mit der Energie Intelligenz und kann deshalb, wenn mir etwas nicht einleuchten will, oder ich zu der erhaltenen Antwort anderer Meinung bin, auch die Frage stellen: »Bist du dir sicher?« Wenn dann ein NEIN kommt, vergessen Sie lieber dieses Thema. Es kann aber auch sein, dass gar kein Ausschlag erfolgt. Das kann mehrere Gründe haben. Zum einen kann die Intelligenz nicht alles zu jeder Zeit wissen. Zum anderen weiß ich auch nicht, wie weit sich ihr Einflussbereich erstreckt. Ich habe nur bei meinen Reisen bemerkt, dass ich zu Fragen über bestimmte Personen an unterschiedlichen Orten verschiedene Antworten bekam. Ich nehme an, dass die bestimmte Energie in Einflussbereiche unterteilt ist. Unter diesen besteht aber die Möglichkeit, sich auszutauschen. Also fragen Sie die bestimmte Energie, ob sie sich zu Ihrer gestellten Frage kundig machen kann, und wenn JA, bis wann. Da alle Lebewesen diese Intelligenz in sich haben und darüber verbunden sind, kann die bestimmte Energie sich über das Wissen der anderen schlaumachen. Diese Energie kann auch eine Verbindung zwischen zwei Lebewesen über große Entfernungen herstellen. Sie kann sogar diese in ihrer Gefühlswelt beeinflussen. Es kann aber auch sein, dass die Intelligenz zurzeit nicht mit Ihnen in Verbindung steht, dann sind Sie nicht pendelfähig. Wenn Sie das alles berücksichtigen, können Sie nun auch die Intelligenz nach ihrer Existenz befragen.

In diesem Zusammenhang möchte ich auf mein Büchlein »Gedanken zur Natur – Und woraus besteht die Seele?« verweisen. Darin erwähnte ich im Kapitel »Das Pendel«, dass man niemals Gott direkt übers Pendel befragen sollte. Hier muss ich mich korrigieren, da ich selbst schon vor längerer Zeit meine Pendelei mit den Worten »Danke Gott, Du bestimmte Energie« eingeleitet habe. Diese Energie fühlt sich auch mit Gott angesprochen.

Wer etwas zusätzliche Hilfe zum Erlernen des Pendelns benötigt, kann z. B. sich das Buch »Pendeln als Lebenshilfe« von Andrea Hülpüsch und Sabine Kühn besorgen. In diesem erhalten Sie eine ausführliche Beschreibung zum Erlernen des Pendelns.

Für alle Wissenschaftler, die da immer noch der Meinung sind, das alles wäre Humbug und Intelligenz wäre keine Energie: Sie haben es selbst in der Hand. Erlernen Sie das

Pendeln! Eine andere Beweisführung kenne ich nicht. Fragen Sie dazu niemand anderen, denn dann müssen Sie glauben, was dieser Ihnen sagt. Und Glaube ist nun mal kein Wissen!

Es gibt einen klaren Unterschied zwischen Glaube und Wissen!

Daraus ergibt sich aber auch, dass Intelligenz neu definiert werden muss:

Intelligenz ist eine Energie, die es ermöglicht, Informationen effektiv zu verarbeiten. Diese Energie trägt den Entwicklungstrieb in sich und zeigt sich im jeweiligen Entwicklungsgrad der Intelligenz. Sie hat das Leben und damit die Natur auf der Erde geschaffen. Sie ist die Basis für die anderen Naturgesetze der organischen Natur. Der Entwicklungstrieb der Intelligenz ist damit selbst ein solches Naturgesetz.

Nun wird in letzter Zeit viel von künstlicher Intelligenz (KI) gesprochen. Wodurch unterscheidet sie sich von natürlicher Intelligenz?

KI sind von Menschen geschaffene Computerprogramme. Sie basieren auf Elektroenergie. Diese Systeme sind unterdessen soweit gereift, dass sie sich die gewünschten Ergebnisse aus der im Internet verfügbaren, wahnsinnig großen Datenmenge selbst suchen und daraus neue Ergebnisse erstellen. Diese künstliche Intelligenz kann sich aber auch zu einem gewissen Grad im Rahmen ihrer Programmierung weiterentwickeln. Nimmt man diesen Programmen die Elektroenergie, oder zerstört man diese Programme, dann ist diese KI tot. Die natürliche Intelligenz hingegen ist eine eigenständige Energie, die ewigen Bestand hat. Sie entwickelt sich in Lebewesen weiter. Selbst wenn alles Leben auf der Erde zerstört wird, bleibt diese bestimmte Energie, die Intelligenz, bestehen, da sie in keiner Weise materiell ist.

Außerdem besitzt die bestimmte Energie, die Intelligenz, eine Gefühlswelt, im Besonderen zu anderen Lebewesen, wie z. B. Liebe, Zuneigung und Geborgenheit, welche in der Seele verankert ist.

Damit kennen Sie nun die Naturgesetze der organischen Natur! Doch es gibt noch mehr, was Sie, liebe Leser und Leserinnen, in diesem Zusammenhang wissen sollten.

Religionen, Gott, die Seele und das Schicksal

Zusammenfassend können wir jetzt gesichert sagen, dass die bestimmte Energie – die Intelligenz – das gesamte Leben auf unserer Erde schuf, da sie sich weiterentwickeln will und dafür eine Grundlage braucht. Ist sie damit das, was wir als Gott bezeichnen?

Im Gegensatz dazu behaupten aber alle Religionen, dass ein Herr, ein allmächtiger Herrscher, das Leben auf unserer Erde schuf. Und weiter behaupten sie, dass dieser kommen wird, um die Lebenden und Toten zu richten, und dass Sünden vergeben werden. Was sollen diese Märchen?

Klar haben die Menschen schon vor vielen, vielen Jahren irgendwie gespürt, dass da noch irgendetwas sein kann oder muss, doch es gab dazu kein Wissen, aber sehr viel Angst.

Clevere Menschen nutzten diesen Umstand und versuchten, in Form von Geschichten Erklärungen dafür zu finden. Diese wurden dann so aufgebaut, dass damit die nicht so cleveren Menschen unterdrückt werden konnten. Und immer wieder wurden neue Geschichten erzählt, in denen vor allem das »GUTE« mit eingebunden wurde. Dazu sollten die Menschen beten (also bitten), dass ihnen der »Herr« helfe!

Meine Gebete sind alle fehlgeschlagen, so wie es sicherlich allen anderen Menschen ergangen ist. Das ist auch ganz logisch, denn der bestimmten Energie, der Intelligenz, ist es doch egal, was die Menschen erbitten. Sie verfolgt ein ganz anderes Ziel. Für sie ist es wichtig, dass sie sich weiterentwickeln kann. Sie richtet nicht über Menschen und unterscheidet auch nicht das Tun der Menschen in »gut« und »böse«. Sie sagt sich: Es ist doch egal, was ihr macht. Hauptsache ist, dass ich daraus neue Erkenntnisse gewinnen kann. Es soll sich alles weiterentwickeln! Zum anderen kommt hinzu, dass eine Gruppe Menschen für etwas Bestimmtes betet, während eine andere Gruppe gleichzeitig gegen das Bestimmte betet. Wofür soll sich jetzt die bestimmte Energie, die Intelligenz, entscheiden? Deshalb wird sie sich nicht einmischen. Sie steht lieber außen vor und beobachtet, wie es sich entwickelt. Stellen Sie sich doch bitte selbst mal folgende Frage: Warum sollte Gott, die bestimmte Energie, die Intelligenz, meine Gebete erhören und mir helfen?

In dem Zusammenhang sei auch die Seele genannt. Sie ist ein winziges Stück von der unvorstellbar großen bestimmten Energie, der Intelligenz, welche das gesamte Universum ausfüllt. In jedem tierischen Lebewesen, was größer als ein Insekt ist, aber auch in Insektenstaaten (z. B. einem Bienenvolk) oder Pflanzengesellschaften (z. B. kleiner Wald) hat sich eine Seele verankert. Dieses winzige Stück der Intelligenz bleibt für alle Zeit so bestehen. Sie soll sich in dem Lebewesen weiterentwickeln. Dabei sollen sich bestimmte Eigenschaften, wie Charakter, Spürsinn oder Talent, aber auch die Art und Weise des Auftretens gegenüber dem anderen Geschlecht besonders entwickeln. Wenn dieses Tier oder der Mensch dann stirbt, verlässt die Seele den Körper, bleibt aber als diese spezielle Einheit erhalten, und hält sich vorübergehend im Universum (im Himmel) auf. Sie zieht dann irgendwann in einen gleichen, frisch geborenen Körper, also gleicher Art und gleichen Geschlechts, um sich dort weiterzuentwickeln. Nun kann sich die Seele als winziger Teil der Intelligenz auch mal irren. Dann wird z. B. bei Einzug einer weiblichen Seele in einen Männerkörper ein schwules oder umgekehrt bei Einzug einer männlichen Seele in einen Frauenkörper ein lesbisches Kind geboren, da sie sich ja vorher bereits mehrfach in geschlechtsspezifischen Körpern entwickelt hat. Schauen Sie sich das Auftreten von Männern und Frauen genau an, und Sie werden feststellen, dass es da große Unterschiede gibt. Diese sind wichtig für das Miteinander der unterschiedlichen Geschlechter.

Die Seele zieht unmittelbar bei der Geburt, also beim Verlassen des mütterlichen Körpers, noch vor dem ersten Schrei, in das Kind. Sie steuert alles, was den Körper am Leben hält. Ebenfalls bestimmt und regelt sie die gesamte Gefühlswelt. Aber auch erworbene Talente bleiben in der Seele verankert. Nur so lässt sich z. B. erklären, dass Ausnahmekinder bereits mit zehn Jahren schon fast so gut singen können wie erwachsene gut ausgebildete Sänger.

Die Seele ist das Bindeglied zwischen Körper und der bestimmten Energie, der Intelligenz.

Manchmal lässt sich die Intelligenz auch etwas einfallen. Das Ergebnis davon nennen wir dann Schicksal. Das kann in vielerlei Richtungen erfolgen. Beispiele, die ich in diesem Zusammenhang selbst erlebt habe, beschrieb ich bereits in meinem Büchlein »Gedanken zur Natur – Und woraus besteht die Seele?«. Ich hatte mir damals gewünscht, aber nicht als Gebet in der Kirche, bestimmte Menschen wiederzusehen. Als ich ihnen begegnete, dachte ich: Welch ein Zufall! Ich wusste damals noch nichts vom Schicksal. Erst später, als ich das Pendeln erlernt habe, konnte ich verschiedene Zufälle als positive Tat des Schicksals erkennen und dementsprechend einordnen. Manche Schicksalsaktivität kann aber auch für einige Beteiligte negative Folgen haben. Ein altes Sprichwort besagt: Überlege dir gut, was du dir wünschst! Es könnte sein, dass dieser Wunsch in Erfüllung geht.

Es müssen aber nicht unbedingt Wünsche sein, dass die Intelligenz tätig wird. Sie hat da teilweise ihre eigenen Vorstellungen. Sie bringt von ihr ausgesuchte Menschen in einem bestimmten Zeitraum zusammen und hofft, dass sie dadurch neue Erkenntnisse findet, die ihrer Weiterentwicklung dienen. Dazu plant sie akribisch genau und teilweise sehr umfänglich. Sie schafft es, dass sich zwei Seelen, die sich vielleicht vor einigen Generationen mal sehr geliebt haben, auf die Sekunde genau an einem bestimmten Punkt treffen. Drei Sekunden früher oder später verfehlen sich diese Seelen.

Wenn ich es nicht selbst schon erlebt hätte, würde ich es nicht glauben. Kramen Sie doch mal in Ihren Erinnerungen. Vielleicht finden Sie ein ähnliches Erlebnis.

Aber die meisten Zufälle bleiben das, was sie sind – Zufälle.

Dazu gäbe es noch viel mehr zu berichten, was aber keinen direkten Einfluss auf die Naturgesetze hat.

Unterschied zwischen Natur und Umwelt

Nun kennen Sie, liebe Leserin und lieber Leser, die Naturgesetze der organischen Natur. Und Sie fragen sich nun: Was hat das mit dem Unterschied zur Umwelt zu tun? Das ist ganz einfach. Die intakte Natur entwickelt sich nach ihren eigenen Gesetzen – den Naturgesetzen der organischen Natur. Diese kann kein Mensch abändern! Man kann sie nur erkennen. Während sich die Umwelt nach Gesetzen entwickelt, die sich die Menschheit auferlegt hat. Derer Gesetze gibt es sehr viele. Die Menschen können ihre Gesetze jederzeit verändern, was die Natur nicht kann.

Bisher hat man die Natur mit zur Umwelt gezählt. Man hat beides zusammen in einen großen Topf geschüttet, kräftig gerührt und hat gesagt: Wir müssen das in Zukunft so und so machen. Das Ganze wird dann auch noch in Gesetze gegossen. Die Natur wurde dazu nicht gefragt.

Das ist aber falsch, denn jeder Eingriff in die Natur auf Basis von Gesetzen, die sich die Menschheit auferlegt hat, zerstört zwangsläufig die intakte Natur und macht diese zur Umwelt. Die Natur kann sich dann nicht mehr nach ihren eigenen Gesetzen entwickeln.

Jedes menschengemachte Gesetz, das sich irgendwie auf einen Lebensraum (dazu gehört auch immer die Fläche, auf der er aufgebaut ist) auswirkt, hebelt die Naturgesetze der organischen Natur aus und zerstört damit die intakte Natur!

Ein Tipp an alle Schüler und Studenten: Fragt doch mal eure Lehrer und Dozenten nach dem Unterschied zwischen Natur und Umwelt! Ich wäre zu gern dabei.

Wie sieht das bei uns in Deutschland aus? Haben wir überhaupt noch funktionierende, intakte Natur? Ich wage zu behaupten, dass es nicht mehr der Fall ist. Warum? Wenn man Natur verstehen will, muss man den gesamten dazugehörigen Lebensraum betrachten. Und zum Lebensraum gehört auch immer die Fläche, auf die er aufgebaut ist. In Deutschland sind alle Flächen aufgeteilt. Deren Eigentümer sind im sogenannten Grundbuch eingetragen. Sie können alle Grundbücher durchgehen, Sie werden keinen Eintrag mit dem Vermerk »Eigentümer: Natur« finden. Jeder Eigentümer hat sich an gewisse Regeln (Gesetze) zu halten, wie er mit seinem Eigentum umgehen darf (Eigentum verpflichtet, Grundgesetz, Art. 14). Das sind aber keine Naturgesetze. Wer da nun sagt, ich gehe hinaus in die Natur, ist hierzulande im Irrtum. Er geht vielleicht in eine wunderschöne Landschaft, aber nicht in die Natur! Wir haben zwar noch viele Überbleibsel aus der Natur, aber keine intakte Natur mehr.

Nun, Ihr lieben Naturschützer, Ihr tut zwar vieles für die Erhaltung der einen oder anderen Art, die aus der Natur übrig geblieben ist. Das ist sehr lobenswert, aber bewirkt keinen echten Naturschutz. Es ist nur ein Artenschutz, der hilft, vom Aussterben bedrohte Arten zu erhalten. In gewisser Hinsicht ist das nur eine Gefühlsduselei. Echter Naturschutz beginnt damit, dass erst einmal das Grundwissen zur Natur unter die Menschen kommt. Ohne das komplette Grundwissen (die Naturgesetze der organischen Natur) ist es unmöglich, die richtigen Entscheidungen für zukünftiges Handeln zu treffen. Halbwissen beflügelt immer nur Ideologien, um nicht zu sagen Idiotien. Und diese richten oftmals mehr Schaden an, als Gutes dabei entsteht. Aber, wie ich feststellen konnte, habt ihr ja selbst dieses Grundwissen nicht. Denn meine Anfragen nach Literatur zu den Naturgesetzen der organischen Natur beim WWF, beim BUND und beim NABU wurden mir bis heute nicht beantwortet. Ich hoffe, dass Euch dieses Buch eine kleine Hilfe sein kann.

Wenn echter Naturschutz betrieben werden soll, müssten komplette Lebensräume an die Natur zurückgegeben werden. Es sind zwar bereits einige kleine Reservate eingerichtet worden, aber diese sind viel zu klein. Das Problem ist dabei, dass aus der Umgebung drum herum zu viel vom Menschen beeinflusster Eintrag in diese kleinen Oasen erfolgt. So ein zurückgegebener Lebensraum müsste schon z. B. die Größe des halben Bundeslandes wie Sachsen am Stück haben, um das sich die Natur vollständig nach ihren eigenen Gesetzen entwickeln kann. Darin dürften auch wenige kleine Siedlungen im Abstand von ca. 40 km bis 50 km mit ca. 100 bis maximal 300 Einwohnern stehen, einschließlich der dazugehörenden Flächen für ihre eigene Versorgung mit Lebens- und Futtermitteln sowie nachwachsenden Roh-stoffen. Diese Menschen dürften sich sogar der Natur be-dienen, aber nur für ihren Eigenbedarf und nicht kommerziell. Das ist leider hier nicht möglich, da in diesem Gebiet zu viele Städte und Siedlungen stehen, in denen zu viele Menschen leben. Ausgehend von den heutigen Verhältnissen kann man also keine intakte Natur in Deutschland entstehen lassen.

Aus den Naturgesetzen kann man einiges für die Zukunft der Menschheit und der Natur ableiten, wie z. B. die Ursachen für den verstärkten Temperaturanstieg im Klimawandel, für die Überfischung der Meere oder für die Abholzung von Regenwäldern usw.

Klimawandel

Klimawandel ist auf unserer Erde ein ganz normaler Vorgang. So gab es bereits mehrere Eiszeiten, denen zwischendurch immer wieder Erwärmungszeiten folgten. Es ist in unserem Sonnensystem ein Energieüberschuss für die Erde vorhanden. Die Intensität dieses Energieüberschusses hängt zum Teil auch mit Abweichungen in der Erdumlaufbahn um die Sonne zusammen. Je näher die Erde dabei an die Sonne kommt, desto wärmer wird es bei uns. Aber auch Eruptionen der Sonne bewirken einen Temperaturanstieg auf der Erde. Großflächig fehlende Vegetation kann ebenfalls zu starken Temperaturschwankungen führen. Hinzu kommen tektonische Verschiebungen der Kontinentalplatten mit den damit verbundenen Veränderungen der Meeresströmungen. Welche wiederum zur Folge haben, dass mehr oder weniger Wasser aus den Ozeanen verdampft und damit das Klima verändert. Aber auch starke Ausbrüche von Supervulkanen können das Klima verändern. Auf jeden Fall ist immer ein Energieüberschuss vorhanden. Dieser wird jetzt allerdings durch verstärkte Freisetzung von Treibhausgasen erhöht. Doch woher kommen diese zusätzlichen Treibhausgase?

Anfang August 2021 hat der Weltklimarat (IPCC) in seinem Sachstandsbericht zum Ausdruck gebracht, dass der Klimawandel ungebremst voranschreitet. Daraufhin hat das Bundesumweltministerium eingeschätzt, dass die

CO_2-Konzentration in der Atmosphäre so hoch ist, wie sie seit zwei Millionen Jahren nicht mehr war, und die Konzentration von Kohlendioxid und Methan seit 1850 schneller gestiegen ist als in den 800.000 Jahren davor. In der darauf folgenden öffentlichen Diskussion kam die Meinung auf, die Industrialisierung, die in etwa 1850 begann, wäre schuld am Klimawandel. Welch eine Kurzsichtigkeit! Was dabei aber nicht gesehen wurde, waren Verbesserungen bei den Lebensbedingungen der Menschen. Mit der gleichzeitig beginnenden Weiterentwicklung der Land- und Forstwirtschaft wurden auch mehr Nahrungsmittel bereitgestellt. Der Bedarf war einfach da. Und mit der Industrialisierung gab es neue Möglichkeiten, sich Nahrungsmittel überhaupt leisten zu können. Es begann die Forschung in allen Lebensbereichen, so auch in der Medizin, der Biologie, Chemie und in technischen Bereichen. Ständig kamen und kommen neue wissenschaftliche Entdeckungen in den naturwissenschaftlichen Bereichen hinzu, welche teilweise auch in der sich entwickelnden Wirtschaft angewendet werden konnten und diese damit vorantrieben. Durch den hohen Arterhaltungstrieb der Menschen einerseits (damals waren zwölf, dreizehn Kinder keine Seltenheit) und den sich ständig weiterentwickelnden Möglichkeiten andererseits haben sich Gesellschaft und Wirtschaft gegenseitig hochgeschaukelt. Immer mehr Menschen konnten sich immer mehr Verbrauch leisten. Hinzu kommen noch die beachtlichen Leistungen in der Entwicklung der Medizin, besonders im 20. Jahrhundert.

Alles zusammen hat den Ausstoß an klimaschädlichen Gasen vorangetrieben. Mit zunehmender Bevölkerung kommt noch der stetig höhere Bedarf an Flächen für die Landwirtschaft, welche der Natur dadurch verloren gingen. Ein Teil dieser landwirtschaftlichen Flächen hat nach ihrer Aberntung im Hochsommer in der Hauptvegetationszeit mehrere Wochen keinerlei Pflanzenbewuchs. Diese Flächen können sich durch die direkte Sonneneinstrahlung viel stärker erhitzen als mit einer reichlichen Bedeckung durch Pflanzen aller Art (wie auch Mais). Außerdem fehlt auf diesen Flächen auch die Assimilation in diesem Zeitraum. Je mehr Flächen für die menschliche Ernährung gebraucht werden, desto weniger Flächen bleiben für die Natur übrig. Und je weniger Naturfläche zum Abpuffern der klimaschädlichen Gase vorhanden ist, desto stärker kann die Erderwärmung voranschreiten. Schauen wir uns mal dazu die Entwicklung der Weltbevölkerungszahl an. Laut Statistik, veröffentlicht am 11.12.2020 von J. Rudnicka, lebten im Jahr 1850 ca. 1,26 Milliarden Menschen auf der Erde. Am 15.11.2022 veröffentlichten verschiedene Nachrichtensender, dass die Acht-Milliarden-Marke der menschlichen Bevölkerung auf der Erde überschritten wurde. Parallel dazu entwickelte sich auch der Flächenbedarf für Ernährung und nachwachsende Rohstoffe. Diese Flächen sind der Natur verloren gegangen. Ebenso stark entwickelte sich der Bedarf an Industriegütern sowie an Möglichkeiten für die Freizeitgestaltung. Je mehr Menschen auf der Erde leben, desto höher ist der Bedarf an

Produkten aller Art, und damit erhöht sich auch der Ausstoß an klimaschädlichen Gasen. Parallel dazu steht der Natur immer weniger Fläche zur Verfügung, um diese Gase zu neutralisieren.

Überfischung der Meere und Abholzung der Urwälder

Viele Menschen sind ja der Meinung, dass Profitgier die Ursache für die Überfischung der Meere und für die Abholzung der Regenwälder wäre. Dem muss ich widersprechen. Wer sich ein bisschen mit Wirtschaft auskennt, weiß, dass sich Profit nur erzielen lässt, wenn es für diejenigen Produkte auch genügend Absatz gibt. Das Gleiche gilt auch für Dienstleistungen. Wenn der Bedarf für diese nicht da ist, kann kein Umsatz und damit auch kein Gewinn erzielt werden. Was sagt uns das? Je mehr Menschen leben, desto mehr Produkte und Dienstleistungen werden gebraucht. Aber auch umgekehrt, je weniger Menschen auf der Erde leben, desto weniger Stück von einem Produkt werden gebraucht, desto weniger wird produziert. Das kann zur völligen Schließung bestimmter Produktionseinheiten führen.

Parallel zur Entwicklung der menschlichen Population steigt auch, durch ständig einfließendes neues Wissen, die Arbeitsproduktivität und damit das Einkommen der Bevölkerung. Der Lebensstandard erhöht sich. Natürlich wird sich dieser in den einzelnen Regionen der Erde unterschiedlich entwickeln, aber die Tendenz ändert sich nicht. Ausgelöst dadurch wachsen auch Begehrlichkeiten nach neuen Produkten, Dienstleistungen und Möglichkeiten zur schöneren Freizeitgestaltung. Man kann sich das nun auch leisten. Bezogen auf die Natur bedeutet das, dass der Bedarf an Meeresfisch, Holz (einschließlich tropischer Edelhölzer) und vielen anderen Produkten ständig steigt. Wie lange lassen sich dann noch Quoten zum Fischfang oder zum Holzeinschlag durchsetzen? Es wird genug kriminelle Energien geben, diese Quoten zu umgehen.

Im 19. Jahrhundert wurden in Europa verstärkt Flächen für die sich hier entwickelnde Bevölkerung gerodet. Ebenfalls entwickelte sich das auch in anderen Regionen der Erde, dort allerdings mit etwas Zeitverzögerung. Heute sind die gut nutzbaren Flächen größtenteils für Land- und Forstwirtschaft erschlossen. Leider werden auch immer mehr von diesen guten Flächen für irgendwelche Bauwerke gebraucht. Die menschliche Population entwickelt sich stetig weiter. Und so wie sie sich weiterentwickelt, werden auch immer mehr Flächen gebraucht. Egal in welcher Region der Erde die Menschen leben, werden sie sich, um auch immer besser leben zu können, Flächen einfach von der noch bestehenden intakten Natur nehmen. Haben wir, die wir in den entwickelten Ländern leben und diesen Flächenraub an der Natur bereits vor vielen Jahren getätigt haben, das Recht, anderen Völkern das Gleiche zu verbieten? Nein! Und diejenigen, die denken, man könne mit Verzicht auf bestimmte Produkte die Natur retten, sind im Irrtum, da sie immer eine Minderheit bleiben, und das auch entgegen der Entwicklung der Intelligenz läuft.

Diesen Prozess kann man bei stetig weiterem Anstieg der Weltbevölkerung nur vorübergehend stoppen, denn jeder Mensch braucht auch Fläche zum Leben. Je höher der Lebensstandard ist, desto mehr Fläche braucht der Mensch. Außerdem wird der ständig wachsende Bedarf an Flächen noch durch politische Maßnahmen z. B. in der Europäischen Union verstärkt. Im Rahmen der gemeinsamen Agrarpolitik sollen Maßnahmen zur Förderung von Natur und Artenvielfalt durchgesetzt werden. Doch diese sind nur sehr engstirnig gedacht, weil sie nur minimale Verbesserungen in Europa erzielen, dafür aber in anderen Teilen der Erde für Vernichtung von intakter Natur sorgen. Man muss hierbei global denken, und die gesamte Erdbevölkerung im Hinterkopf haben. Diese braucht eine bestimmte Menge an Nahrungsmitteln und weiteren Gegenständen zum Leben. Und dies wiederum braucht Fläche für landwirtschaftliche Produktion. Wenn ich Flächen brach lege, muss ich die erforderlichen Produkte auf anderen Flächen anbauen. Doch wo nehme ich diese anderen Flächen her? Dafür können nur landwirtschaftlich nutzbare neue Flächen irgendwo auf der Erde von intakter Natur gestohlen werden. Ähnlich verhält es sich mit der Erhöhung der Bioproduktion. Ich habe mal gelernt, dass es zwei Arten landwirtschaftlicher Produktionsweisen gibt. Zum einen ist das die moderne, intensive landwirtschaftliche Produktion (heute »konventionelle« Landwirtschaft genannt), zum anderen ist das die extensiv wirtschaftende landwirtschaftliche Produktion (heute Bioproduktion genannt). Bei letzterer geht es darum, dass man ohne künstlichen Dünger und mit minimalsten chemischen Pflanzenschutzmaßnahmen produziert. Hier erzielt man aber gegenüber der intensiven, hochmodernen Landwirtschaft wesentlich geringere Erträge pro Hektar (nicht mal die Hälfte). Es wird aber ein gewisses Maß an Produkten für die Versorgung der Bevölkerung gebraucht. Der Bedarf ist einfach da! Dabei ist es egal, ob diese Produkte aus intensiver oder biologischer Landwirtschaft stammen. Die Gesamtmenge bleibt die gleiche. Wenn ich jetzt, wie es die Politik will, den Anteil an Bioprodukten erhöhe, brauche ich auch zwangsläufig zur Versorgung der Bevölkerung mehr Fläche. Wo soll diese herkommen? Übrigens, 2023 sind drei voneinander unabhängige Studien gelaufen, in denen zwei Anbauverfahren auf Auswirkungen zur Biodiversität untersucht wurden. Dabei hat sich gezeigt, dass im Direktsaatverfahren (konventionelle Landwirtschaft) gegenüber der intensiven Bodenbearbeitung (Biolandwirtschaft) die Biodiversität ca. 30 bis 80 % sowohl im Boden als auch über der Oberfläche größer ist. Obwohl zur Abtötung der Pflanzendecke vor der Direktaussaat Glyphosat (ein chemisches Unkrautbekämpfungsmittel) eingesetzt wird.

Weiterhin kommen noch die Auswirkungen der Erderwärmung hinzu, die durch Extremwettersituationen zu Ertragsausfällen führen und irgendwie abgepuffert werden müssen, was wiederum zu einem höheren Flächenbedarf führt. Noch verrückter ist das Vorhaben des EU-Parlaments, größere Waldflächen aus ihrer forstwirtschaftlichen Nutzung zu nehmen. Denn gleichzeitig soll verstärkt mit Holz gebaut werden, was den Bedarf weiter erhöht. Und ob nun Holz im Wald verrottet oder in einer Heizung verbrannt wird, setzt es so oder so CO_2 frei. Da es aber für Bauzwecke und als Möbelholz nicht mehr hier gewonnen werden darf, muss es von weither geholt werden, was zusätzlich Treibhausgase verursacht. Auch werden hierfür zusätzliche Waldflächen benötigt. Das sind alles Flächen, die irgendwo auf der Erde einer intakten Natur gestohlen werden und diese dabei zerstören. Bei uns in Europa wird Waldwirtschaft nachhaltig durchgeführt. Kann man das dann auch von den irgendwo in der Welt abgeholzten Urwaldflächen sagen? Und für diese ganzen Maßnahmen werden auch noch Fördermittel (Steuergelder) zur Verfügung gestellt. Dabei werden die aus der Nutzung genommenen Waldflächen in den nächsten Jahren keine echte, intakte Natur wieder! Auch ist die Biodiversität heute schon in unseren nachhaltig genutzten Wäldern recht hoch und wird sich nur minimal erhöhen können. Zudem wurde beim 42. Freiburger Winterkolloquium der Albert-Ludwigs-Universität Freiburg in den Vorträgen zu den wissenschaftlichen Untersuchungen zum Wasserhaltevermögen unserer Wälder festgestellt, dass ein nachhaltig genutzter Wald wesentlich besser das Niederschlagswasser halten und nutzen kann als ein nicht genutzter Wald mit einem viel zu dichten Kronendach. Das ist genau das Gegenteil von dem, was vermeintliche Waldschützer bisher vorgetragen haben. Ich erwähnte es bereits, Halbwissen fördert Ideologien, die genau das Gegenteil von den gewünschten Zielen erreichen.

Ganz ähnlich verhält es sich mit der Überfischung der Meere. Es ist der Bedarf an diesem Lebensmittel, der den Fang der Fische so attraktiv macht. Quoten können nur kurzzeitige Abhilfe schaffen. Irgendwie finden sich Wege, diese Quoten zu umgehen.

Das Umweltbundesamt informierte zu Folgendem: »Der Earth Overshoot Day am 28. Juli 2022 markiert das Datum, an dem die Menschheit alle biologischen Ressourcen verbraucht hat, die die Erde im Laufe eines Jahres regeneriert, so Berechnungen des Global Footprint Network. Es muss mehr für Klima- und Ressourcenschutz getan werden. Hierzu können neben der Politik auch Verbraucher*innen beitragen.« Und in anderen öffentlichen Nachrichten dazu wurde gesagt: Wir brauchten eigentlich 1,4 Erden. Doch wo soll man diese hernehmen? Wir haben nur die eine Erde, und es lässt sich auch keine weitere dazukaufen! Die richtige Schlussfolgerung ist: Es leben zu viele Menschen auf der Erde!

Wenn all diese Probleme, wie Klimawandel, Überfischung der Meere und Abholzung der Regenwälder, in den Griff bekommen werden sollen, muss die menschliche Population schrumpfen! Und wer bis jetzt in meinen Ausführungen gut aufgepasst hat, kann sich selbst dazu ableiten, dass wir in der Stärke der Weltbevölkerung auf das Niveau von in etwa 1850 kommen müssen. Das gilt aber nur für die Weltbevölkerung und nicht für die Entwicklung der Wissenschaften und den Bedarf der Menschen an Produkten, Lieferungen und Leistungen sowie an Freizeitgestaltungsmöglichkeiten. Die Frage darf nicht sein, was wir Menschen machen, sondern wie viele das tun!

Paracelsius sagte damals: All Ding ist Gift, nur die Dosis machts, dass es nicht zum Gift wirkt. So sollte man das auch in Bezug Mensch zur Natur sehen. Vergleiche dazu das Kapitel »Natürliche Auslese – Begrenzung der Populationen«.

CO$_2$-Ausstoß der Menschen

Einen nicht zu unterschätzenden Anteil am CO$_2$-Aufkommen trägt auch die Menschheit durch ihre Atmung bei. Ich höre schon die Ersten rufen: Die ist aber CO$_2$-neutral! Ist das wirklich so? Wenn wir so leben würden, wie es die Aborigines taten, bevor Australien von den Briten zur Gefangeneninsel gemacht wurde, träfe das zu. Die Aborigines betrieben keine Landwirtschaft und auch keine Vorratswirtschaft. Sie lebten im wahrsten Sinn des Wortes von der Hand in den Mund. Sie suchten oder jagten sich die Lebensmittel, die sie für den sofortigen Verzehr benötigten, nicht mehr und nicht weniger. Weiterhin hatten sie weder Kleidung noch Wohnung. Irgendwelche materiellen Werte, wie wir sie heute schätzen, interessierten sie nicht. Aber sie kannten sich gut in der Empfängnisverhütung aus und achteten darauf, dass ihre Stämme nicht zu stark wurden. Sie lebten in enger Verbundenheit mit der Natur. Unter solchen Bedingungen ist die Atmung wirklich CO$_2$-neutral. Dorthin wollen wir gar nicht kommen. Denn das bedeutet nur minimalste Weiterentwicklung von Intelligenz und Gesellschaft. Doch wie sieht das heute bei uns aus?

Dr. Matthias Heil vom Max-Planck-Institut schätzt, dass Menschen zwischen 168 Kilogramm CO$_2$ im Ruhezustand und 2040 Kilogramm CO$_2$ bei Dauerbelastung pro Jahr ausatmen. Wenn wir also der Einfachheit halber von rund einer

Tonne CO_2-Ausatmung pro Mensch und Jahr ausgehen, trifft das in etwa die Realität. Derzeit leben mehr als acht Milliarden Menschen auf der Erde. Das bedeutet, jährlich werden circa acht Milliarden Tonnen CO_2 allein durch die Atmung der Menschen an die Atmosphäre abgegeben! Das ist einfach Tatsache! Und bei weiter steigender Erdbevölkerung werden es mehr! Hinzu kommt noch der enorme CO_2-Ausstoß aus allen anderen Bereichen, die uns das Leben angenehmer und einfacher machen, einschließlich Freizeitbedarf.

Warum ist die Atmung der Menschen nicht CO_2-neutral? Dazu sehen wir uns mal die Bereitstellung von Weizen, dem in Europa wichtigsten Lebensmittel, an. Um den Weizen anbauen zu können, muss als Erstes der Acker vorbereitet werden. Dafür werden unterschiedliche Technologien genutzt. Wir betrachten uns mal die Variante mit Pflug. Das heißt, der Boden wird sehr kraftaufwendig gepflügt und gleichzeitig rückverdichtet. Im Anschluss wird er zwei- bis dreimal mit einem Grubber fein krümlig gemacht. Nun kann der Weizen ausgesät werden. Wenn der Weizen aufgelaufen ist, wird in aller Regel eine Unkrautbekämpfung und eventuell eine Bekämpfung der Schadinsekten vorgenommen. Im Frühjahr wird das Getreide zwei- bis dreimal gedüngt und gegen Pilzbefall gespritzt, bis der Weizen dann im Sommer geerntet werden kann. Dann wird er im günstigsten Fall direkt in eine Mühle transportiert. Aber meistens kommt er erst mal beim Landwirt ins Lager und wird später aufgeladen und zum Großhändler gebracht. Von hier aus wird er dann zur

Verarbeitung oder gar in den Export transportiert. In dieser Phase von der Ernte bis zur Verarbeitung kann er auch von Schädlingen befallen werden, was zusätzliche Maßnahmen zu deren Bekämpfung notwendig macht. Ob als Weizenmehl oder in anderen verarbeiteten Produkten gelangt er nun erst in den Großhandel und im Anschluss in den Einzelhandel. Von hier aus wird er nun noch nach Hause gebracht. Alles ist irgendwie mit Transporten und weiteren Arbeiten verbunden. Ehe der Weizen verzehrt werden kann, muss er noch gebacken oder gekocht werden. Jede dieser einzelnen Maßnahmen bedarf mehr oder weniger Energie. Diese wiederum setzt klimaschädliche Gase frei, die letztendlich der Atmung der Menschen mit angerechnet werden müssen. Dabei darf man aber auch nicht die Technik, die für die einzelnen Maßnahmen gebraucht wird, vergessen. Denn zur Herstellung und Wartung dieser werden Energie und Rohstoffe benötigt. Weizen ist aber nicht unser einziges Lebensmittel. Alle anderen müssen auch irgendwie produziert, verarbeitet, verpackt, zwischengelagert, verladen und transportiert, eventuell auch gekühlt und gesund erhalten werden. All diese Lebensmittel müssen auch noch zubereitet werden, ehe sie verzehrt werden können. Das sind alles Maßnahmen, die irgendwelche klimaschädlichen Gase freisetzen. Und je mehr Menschen auf der Erde leben, desto mehr Lebensmittel werden gebraucht, desto mehr CO_2 wird ausgeatmet, und desto mehr Fläche wird der intakten Natur gestohlen.

Nachhaltige Reduzierung der Weltbevölkerung

Da wir nun festgestellt haben, dass viel zu viele Menschen auf der Erde leben, will ich auch eine Möglichkeit aufzeigen, wie die Population Mensch nachhaltig reduziert werden kann, ohne dafür Kriege zu führen oder Menschen anderweitig zu töten. Das wäre sowieso der falsche Weg. Diese Art, die Menschheit zu reduzieren, ist nicht nachhaltig. In nicht also langer Zeit würden mehr Menschen auf der Erde leben als je zuvor. Außerdem bringen Kriege nur viel Leid und verwüsten Umwelt und Natur sowie Bauwerke, deren Instandsetzung viel Material und Energie benötigt.

Wenn man diesen Rückgang der Bevölkerung nachhaltig gestalten will, muss man sich als Erstes die Frage stellen: Wer sind denn die gesellschaftlichen Triebkräfte, die ein starkes Interesse an einer stets steigenden Bevölkerung haben? Das sind diejenigen, die nach Macht und Reichtum streben. Das reicht sehr weit in die Geschichte zurück. Damals – seit mehr als 5000 Jahren – bis heute haben vor allem Religionen die gesellschaftliche Entwicklung geprägt. Vor 2000 Jahren (im Jahr 1 nach Christi Geburt) lebten lediglich ca. 300 Millionen Menschen auf der Erde (J. Rudnicka, Statistik vom 11.12.2020). Der größte Teil von ihnen konnte nicht mal schreiben und lesen. Das heutige Wissen fehlte. Und was gab es damals an Gesetzen? Fast nichts, wozu auch? Antworten wurden zu vielen Erscheinungen, wie z. B. Blitz und Donner, gesucht. Religionsführer haben diese gegeben: Gott bestraft euch! Und die Menschen glaubten es und fügten sich meistens den Forderungen der Herrschenden. Die Unwissenheit führte sehr oft zur Angst.

Seid fruchtbar und mehret euch war damals angebracht, denn Landwirtschaft und Gesundheitswesen waren noch nicht entwickelt genug. Das Durchschnittsalter der Bevölkerung war sehr niedrig und vor allem durch eine sehr hohe Kindersterblichkeit geprägt. Die Menschen schöpften durch ihren Glauben an Gott Hoffnung für ihre Zukunft. Gleichzeitig wurde aber auch die Angst vor Gott, dem Allmächtigen, geschürt. Und mit der Angst und den »Zehn Geboten Gottes« ließ sich die Bevölkerung leicht führen. Dieser Glaube an Gott, gepaart mit den Vorstellungen zur Moral, ist bis heute tief in der Bevölkerung verankert. Besonders die Nächstenliebe und die Neigung zur Solidarität sind heute noch sehr stark ausgeprägt. Trotz des enorm gestiegenen Wissens und der ins Uferlose entwickelten Gesetzgebung halten heute noch immer sehr viele Menschen an ihren Religionen fest. Dabei müssten sie längst gemerkt haben, dass Gott, die bestimmte Energie, die Intelligenz, kein Herrscher und auch kein Bestrafer ist. Und Gott wird auch uns Menschen nicht helfen! Beten ist also völlig zwecklos! Mit dem heutigen Wissen können sich alle Menschen getrost von ihrem Glauben abwenden! Es muss nur das richtige Wissen und nicht der Glaube vermittelt werden. Grundlegend sollte auch weltweit Staat und Religion strikt voneinander getrennt werden! Bei uns in Deutschland muss dazu der Artikel 7, Absatz 2 und 3 aus dem Grundgesetz gestrichen werden.

Die Leistungskraft vieler Völker ist enorm gewachsen. Die Welthungerhilfe steckt sich immer wieder neue Ziele, bis wann sie den Hunger auf der Erde bekämpft haben will. Leider wählt sie dazu den falschen Weg und die falschen Mittel. Mit immer neuen Lieferungen von Lebensmitteln wird zwar etwas der Hunger gelindert, aber gleichzeitig werden dadurch auch die Bedingungen für mehr Nachwuchs und damit für einen Anstieg der Bevölkerung in dieser Region geschaffen und verbessert. Diese angewachsene Bevölkerung wiederum braucht noch mehr Nahrungsmittel. Das ist ein Teufelskreis. Hier muss ein Umdenken her! Bildung auf Basis der neuesten wissenschaftlichen Erkenntnisse gepaart mit der Abkehr von jeglichen Religionen muss die Grundlage für die dortige Hilfe gegen Hunger sein. In dieser Bildung muss vor allem auch das Wissen zur Empfängnisverhütung vermittelt werden. Ebenso sollten die Mittel dafür vorrangig zur Lebensmittelhilfe und kostenlos geliefert werden, denn hungrig sind die ärmsten der armen Menschen. Ich weiß, dass sich dazu aus verschiedenen Richtungen Widerstände aufbauen werden. Aber Lebensmittelhilfen darf man auch gern an Bedingungen knüpfen! Genauso sollte Hilfe zur Selbsthilfe anstelle von direkten Lebensmittellieferungen erbracht werden. Ziel muss es sein, dass die Menschen in ihren

Ländern leben können und nicht vor Hunger flüchten müssen. Die Flüchtlingsströme, wie wir sie seit geraumer Zeit erleben, müssen ein Ende haben! Denn dort, wo es die Flüchtlinge hinzieht, leben ja bereits schon zu viele Menschen. Und diese zu vielen Menschen sind Gift für die Natur und fördern die Überfischung der Meere usw.

An dieser Stelle möchte ich China, obwohl das Land derzeit neben den USA die größten Treibhausgaserzeuger sind, als positives Beispiel im Kampf um den Klimaschutz hervorheben. China hat erstmals seit 60 Jahren einen echten Bevölkerungsrückgang zu verzeichnen. Im Jahr 2022 schrumpfte Chinas Bevölkerung real um 850.000 Menschen. So wie die Entwicklung der dortigen Bevölkerung sich zeigt, ist damit zu rechnen, dass dieser Trend noch viele Jahre anhält. Durch die jahrzehntelange Ein-Kind-Politik hat sich die Bevölkerung an wenige Kinder gewöhnt und findet es sehr praktisch, nur ein oder zwei Kinder zu haben. Die Geburtenrate ist offiziell auf 1,16 im Jahr 2021 gesunken. Mit Zuwanderung in dieses Land ist kaum zu rechnen, da es diktatorisch regiert wird und Menschenrechte wenig geachtet werden.

In den entwickelten Industrienationen liegt die Geburtenrate bei 1,3 bis 1,6. Das reicht eigentlich auch nicht für die einfache Reproduktion der Bevölkerung. Trotzdem steigt diese Jahr für Jahr durch Zuwanderung an, weil in anderen vor allem religiös geprägten sowie sehr armen Ländern die Geburtenrate um ein Vielfaches höher ist. Selbst in Israel, was ein weit entwickeltes Land, aber mit einem starken jüdischen Glauben ausgerichtet ist, lag die Geburtenrate im Jahr 2023 bei 3,0. Aber auch Armut und falsch verstandene Welthungerhilfe lassen die Geburten vor allem in Afrika steigen.

Gegen Ende des Jahres 2022 lebten laut offizieller Schätzung des Statistischen Bundesamtes ca. 84,3 Millionen Menschen in Deutschland. So viele Menschen hatte Deutschland noch nie an einem Jahresende zu verzeichnen. Und dabei sind die noch nicht registrierten Flüchtlinge gar nicht mit erfasst. Wir brauchen keine Zuwanderung und auch keine zusätzlichen Arbeitskräfte! Gezielt eingesetzte künstliche Intelligenz in Robotern kann eine gewisse Abhilfe schaffen. Auch sollten Arbeitnehmer bei Jobverlust flexibler in ihrer Suche nach einem neuen Arbeitsplatz werden. Durch echten, starken Bürokratieabbau (Rücknahme von gängelnden Vorschriften für die Wirtschaft) können viele Arbeitskräfte für andere Arbeitsbereiche freigesetzt werden.

Wenn es um die Zukunft der Lebensbedingungen für unsere Kinder, Enkel, Urenkel usw. geht, zählt nicht die stärkste Leistungskraft einer Nation, sondern die nachhaltige Erhaltung und Verbesserung der Lebensbedingungen. Die Menschheit muss schrumpfen, dass die Natur wieder erstarken und zur intakten Natur werden kann!

In diesem Zusammenhang sollten sich Abtreibungsgegner, Tierschützer, Flüchtlingshelfer (auch die, die extra nur dafür aufs Mittelmeer fahren), Sterbehilfegegner und alle, die auf Basis von Gefühlsduselei und falschen Moralvorstellungen jedes Lebewesen schützen wollen, mal fragen, was sie damit der Natur, dem Klima, den Urwäldern und den Meeren antun. Für jedes Handeln müssen auch die Folgen abgeschätzt werden – und zwar all umfänglich!

Wie weit falsche Moralvorstellungen gehen können, möchte ich anhand eines Artikels aus der Leipziger Volkszeitung, erschienen am 07./08.09.2024, darlegen. Unter der Überschrift »Abberufener KVS-Chef Heckemann wehrt sich« heißt es: »Nach seiner Abberufung als Vorsitzender der Kassenärztliche Vereinigung Sachsen (KVS) hat Klaus Heckemann den Vorwurf gedanklicher Nähe zum Nationalsozialismus zurückgewiesen. ‚Dieser Vorwurf trifft mich hart‘, sagte er der ‚Ärzte Zeitung‘ in Dresden. ‚Eine diesbezügliche Rehabilitierung ist mir wichtiger als alles andere.‘« Heckemann schrieb in der Juni-Ausgabe der »KVS-Mitteilungen« von genetischer Diagnostik und »Eugenik in ihrem besten und humansten Sinn«. Heckemann verteidigt nun seine Thesen. »Ich lehne es absolut ab, dass mir für die Entwicklung einer Idee, die unter anderem in Israel schon angewandt wird, unterstellt wird, nationalsozialistisches Gedankengut zu verbreiten«, sagte er der Zeitung. Kritikern wirft er zudem vor, sie hätten ihn missverstehen wollen. »Es ist bigott, denn es war im Kontext unzweifelhaft, dass ich nicht Zwangsmaßnahmen wie in der NS-Zeit meinte, sondern dass den Eltern nur die Chance für die Geburt eines gesunden Kindes verbessert werden könnte.«

In mir steht auch die Frage: Ist es richtig, dass jedes Menschenleben so weit wie irgend möglich verlängert werden muss? Ich bin gegen jede Organspende (ausgenommen Blut), ich möchte auch keine erhalten! Ich möchte auch niemals in einem Alters- oder Pflegeheim »würdevoll« auf mein Ende warten müssen! Das ist für mich kein sinnvolles, erfülltes Leben mehr! Ich brauche Freiheit, Bewegung und keine Bevormundung! Und wenn ich der Meinung bin, mein Leben zu beenden, dann sollte mich auch niemand daran hindern dürfen. Etwas anderes ist es mit der Erhaltung bzw. der Verbesserung der Lebensqualität und Gesundheit. Hier hat die Medizin eine große Spielwiese.

Wenn wir durch Wissensvermittlung und Einschränkung religiöser Mächte es schaffen, die Geburtenrate in allen Ländern der Erde unter das Niveau der einfachen Reproduktion der Menschen zu senken, erreichen wir auch eine nachhaltige Reduzierung der Weltbevölkerung! Dieser Prozess dauert vielleicht 300 Jahre – oder mehr –, um auf einen Stand von 1850 zu kommen, ist aber der einzige nachhaltige Weg. Sollte es vorher zu einer Eiszeit kommen, dann ist dieses hier festgehaltene Wissen unbedingt in die Zeit danach zu retten! Sonst hat die Natur keine Chance für ihre Zukunft! Und dadurch verliert auch die Menschheit und der Entwicklungstrieb der Intelligenz die Grundlagen für ihr Dasein.

Senkung der Durchschnitts-
temperaturen weltweit

Parallel zu den Maßnahmen, die ich hier bis jetzt aufgeführt habe, sollten alle begonnenen und geplanten Maßnahmen aller wissenschaftlichen Forschungen weitergeführt werden! Obwohl sie nur an Symptome gehen, sind sie ein wichtiger Schritt in die richtige Richtung. Wir müssen alle Möglichkeiten einschließlich der Reduzierung der Weltbevölkerung zur Senkung der Durchschnittstemperatur auf unserer Erdoberfläche nutzen! Aber Vorsicht – die Ökonomie darf dabei nie außer Acht gelassen werden!

In jüngster Zeit gründen sich neue Unternehmen, so genannte Start-ups, die mit neuen Ideen der Erderwärmung entgegenwirken wollen. Eines davon will z. B. mit Schwefeldioxid, mittels Ballon in der obersten Schicht der Atmosphäre ausgebracht, die Sonneneinstrahlung reduzieren. Das hörte sich auch ökonomisch gesehen gut an. Mit lediglich 80 Milliarden Dollar pro Jahr wollten sie die Durchschnittstemperatur um 1 bis 1,5° C senken. Als das bekannt wurde, gab es sofort erste Proteste mit der Begründung: Das verunreinigt die Luft mit der Folge, Asthmatiker können dadurch mehr Probleme bekommen! Hier muss man sich aber mal grundsätzlich die Frage stellen: Was ist wichtiger bzw. was zählt mehr – das Einzelschicksal oder das der gesamten

Gesellschaft einschließlich des gesamten Lebens auf der Erde? In vielen Bereichen des Lebens wird in den letzten Jahren leider viel zu oft das Einzelschicksal über das der breiten Masse gestellt, was oftmals nicht ohne Folgen für die Gesellschaft bleibt. Ebenfalls wird viel zu oft nach Schuldigen anstatt nach Ursachen gesucht. Es ist doch viel wichtiger, die gleichen Fehler nicht noch mal zu begehen, als unbedingt Strafen zu verhängen und Rache zu üben!

Oberflächliche
Betrachtungsweisen

Mich ärgert es sehr oft, dass zur Meinungsbildung für bestimmte Themen – egal welcher Natur – nicht tiefgründig genug geschaut wird und auch zu wenig hinterfragt wird. Hierzu mal nur drei gravierende Beispiele.

Beim Thema Insektensterben höre ich sehr oft, dass die Landwirtschaft durch das Ausbringen von giftigen Pflanzenschutzmitteln größter Verursacher dafür wäre. Ist das wirklich so? Warum hat sich denn das Insektensterben demzufolge nicht schon im Jahr 1975 oder spätestens 1985 in der damaligen DDR und den angrenzenden Ostblockstaaten gezeigt? In der Zeit von 1970 bis 1975 wurde die Landwirtschaft im Osten Deutschlands grundlegend umgestaltet. Durch die Bildung Kooperativer Abteilungen Pflanzenproduktion konnten kleine Felder zu großen Schlägen zusammengelegt werden. Feldwege wurden umgepflügt, Wiesen wurden melioriert und kleine Baumgruppen wurden gerodet, um der neu entwickelten großen und schlagkräftigen Technik die nötigen Einsatzvoraussetzungen zu schaffen. Um maximale Erträge mit gesundem Erntegut zu erreichen, galt der Leitsatz »Intensivierung durch Chemisierung«. Und dabei kamen damals richtig stark wirkende Insektizide, die erst Anfang der 90er-Jahre verboten wurden, zum Einsatz. Ebenso wurde damals das gesamte Straßenobst mit Pflanzenschutzmitteln behandelt. Das heißt, die Bedingungen für das Insektenleben in der DDR waren damals viel härter als heute. Das Insektensterben hätte sich spätestens 10 Jahre nach der Schaffung dieser widrigen Bedingungen zeigen müssen! Das hatte es aber nicht! Warum? Die Reproduktionsrate von Insekten ist dermaßen hoch, dass diese landwirtschaftlichen Maßnahmen kaum Auswirkungen auf die Populationsdichte haben. Denn Spritzmittel erfassen meist nur die adulden (erwachsenen) Insekten, während Eier, Larven oder jedenfalls Puppen unbeschadet bleiben. Kurz nach der Spritzung schlüpfen die nächsten Insekten aus ihrem Puppenstadium und die Entwicklung geht im vollen Umfang weiter. Etwas anders ist es mit der Reproduktionsgrundlage. Mücken z. B. brauchen stehende Gewässer wie Pfützen, Teiche usw. für die Entwicklung ihrer Larven. Fliegen brauchen für die Entwicklung ihrer Maden ein nasses Substrat. Wenn es zu trocken und zu warm ist, dass Tümpel austrocknen und Madennahrung zu schnell vertrocknet, fehlt ein wichtiges Stadium in der Reproduktion. Und wenn sich keine Larven entwickeln, gibt es auch schnell keine Puppen mehr. Der Lebensraum für Insekten hat sich verändert. Die Entwicklungskette ist unterbrochen und die Population bricht zusammen. Andere Insekten brauchen für ihr Fortbestehen Nektar. Durch Hitze und Trockenheit leiden auch Pflanzen. So sind zwar Blühstreifen für uns und auch die Insekten eine herrliche Augenweide, aber durch den Hitzestress bedingt leider keine

Bienenweide, da zu wenig oder gar kein Nektar produziert wird. Die Insekten fliegen zwar hin, finden aber nicht ausreichend Nahrung. Der Klimawandel reißt Lücken in die Reproduktionsgrundlage vieler Insektenarten. Da Insekten eine sehr kurze Lebenszeit haben, wirkt sich diese Veränderung des Lebensraums viel stärker auf die Insektenpopulationen aus, als das je irgendwelche Maßnahmen in der landwirtschaftlichen Produktion erreichen können!

Ein anderes Beispiel betrifft Bioäpfel. Als die ersten Bioäpfel im Supermarkt erhältlich waren, habe ich mich gewundert, dass mir bei näherer Betrachtung optisch keine Unterschiede zu den anderen Äpfeln aufgefallen sind. Meine Äpfel, die ich bei mir zu Hause ernte, sehen anders aus. Also bin ich zu meinem Bekannten, der Fachberater für Obstproduktion ist, gefahren. Dieser erklärte mir: Du darfst nicht denken, dass Biobauern keine Pflanzenschutzmittel ausbringen. Sie setzen nur weniger und auch andere ein. Bei den Äpfeln ist es so, dass zur Schorfbekämpfung und auch gegen andere Pilze kupferhaltige Mittel eingesetzt werden. Diese kupferhaltigen Mittel dürfen aber nicht im konventionellen Anbau eingesetzt werden. Sollten an diesen konventionell angebauten Äpfeln Spuren von den kupferhaltigen Mitteln zu finden sein, müssen diese entsorgt werden – aber nicht im Kompost, sondern auf einer Schadstoffdeponie! Wenn ich mir das richtig überlege, mache ich meinen Körper bei Verzehr von Bioäpfeln zur Schadstoffdeponie, da sich an diesen noch Rückstände von den kupferhaltigen Spritzmitteln nachweisen lassen? Wie verrückt ist die Menschheit geworden? Mir ist das egal, aus welcher Produktion die Äpfel stammen. Ich weiß, dass Pflanzenschutzmittel im Gegensatz zu anderen chemischen Lebensmittelzusätzen intensiv und richtig gut untersucht werden, ehe sie eine Zulassung für den Einsatz erhalten. Kontrollen bei heimischen Produkten haben auch gezeigt, dass Rückstandshöchstmengen prinzipiell weit unterschritten werden. Aber seit der Vereinigung Deutschlands stehen auch in ostdeutschen Märkten jede Menge Fertigprodukte in den Regalen. Gleichzeitig ist ein ständiger Anstieg von Allergien hier zu verzeichnen. Darüber nachzudenken lohnt sich bestimmt.

Noch ein letztes Beispiel aus der Politik. Hin und wieder wird die Arbeitsproduktivität zwischen West- und Ostdeutschland verglichen. In Auswertung dessen wurde von Politikern Folgendes behauptet: »Weil die Arbeitsproduktivität im Osten niedriger ist als im Westen, müssen auch in Zukunft die Löhne im Osten niedriger sein als im Westen!« Diese Behauptung ist definitiv falsch! Warum? Für den Vergleich ist rein die ökonomische Grundlage (Umsatz pro Arbeitskraftstunde) herangezogen worden. In dem Zusammenhang sollte man sich aber auch dort, wo es geht, die physische Arbeitsproduktivität in z. B. Stück pro Arbeitskraftstunde (Stck/Akh) oder Tonnen mal Kilometer pro Arbeitskraftstunde (tkm/Akh) und den dazugehörenden Preis betrachten. Nehmen wir mal die

Transportbranche als eine relativ große dazu unter die Lupe. Ich habe im Rahmen eines Forschungsprojektes von einer Spedition mit Sitz in Sachsen vorgefertigte Waren in den Allgäu transportieren lassen. Diese wurden dort bearbeitet und mit einer dort ansässigen Spedition zu mir zurückgeschickt. Vereinbart war, dass der Absender die Frachtkosten übernimmt. Einmal ist bei der Rechnungslegung etwas schiefgegangen. Ich sollte die Rückfracht bezahlen. Diese kostete mehr als das Doppelte, obwohl die Tonnage dieselbe war und das Volumen sich sogar verkleinert hatte. Von beiden Firmen weiß ich, dass sie, um ihre Frachtkapazität voll ausnutzen zu können, miteinander kooperieren. Hinzu kommt, dass ihre Transportkapazitäten durch die StVZO in Bezug auf Zuladung und Transportgeschwindigkeit begrenzt sind. Das heißt, beide haben physisch (tkm/Akh) gesehen die gleiche Arbeitsproduktivität. Aber ökonomisch (Umsatz/Akh) gesehen weist die im Westen ansässige Firma eine wesentlich höhere Arbeitsproduktivität aus. Das ist also eine Frage der Preisgestaltung. Aber wie legt man Preise fest? Dazu bedarf es einer Kalkulation. Jede Grundkalkulation fängt mit einer bestimmten Zahl an. Das ist der Mittellohn. Dazu kommen dann noch alle andere Kosten bis hin zum geplanten Gewinn. Daraus folgt, dass je niedriger der Durchschnittslohn ist, desto niedriger fällt auch der Preis aus – und umgekehrt. Wenn man nun eine Aussage zur zukünftigen Lohnhöhe treffen will, sollte man das unbedingt mit berücksichtigen. Demzufolge müsste es richtig heißen:

Weil im Osten die Löhne niedriger sind als im Westen, fällt auch die Arbeitsproduktivität (in Geldwert ausgedrückt) im Osten niedriger aus als im Westen. Aber auch diese Aussage ist sehr kurzsichtig, da das Ganze viel komplexer gesehen werden muss.

Liebe Leserinnen und Leser, bitte schauen Sie in Zukunft genauer hin. Was auf den ersten Blick logisch erscheint, muss noch lange nicht richtig sein! Bei genauerer und tiefgründiger Analyse kann sich ein ganz anderes Bild ergeben. Ideologien, die teilweise schon Ideotien sind, sollte man nicht nachlaufen. Und wenn es um Politik geht, sollte die Wissenschaft dazu nicht außer Acht gelassen werden! Ich wünsche Ihnen eine bessere Zukunft.